VOYAGER AVEC Des Amis

Livres D'Activités Enfants | Tome. 2 | Labyrinthes et Comment Dessiner

ActivityCrusades

Publié par Speedy Publishing Canada Limited

ActivityCrusades
activity books

Labyrinthes

2

3

5

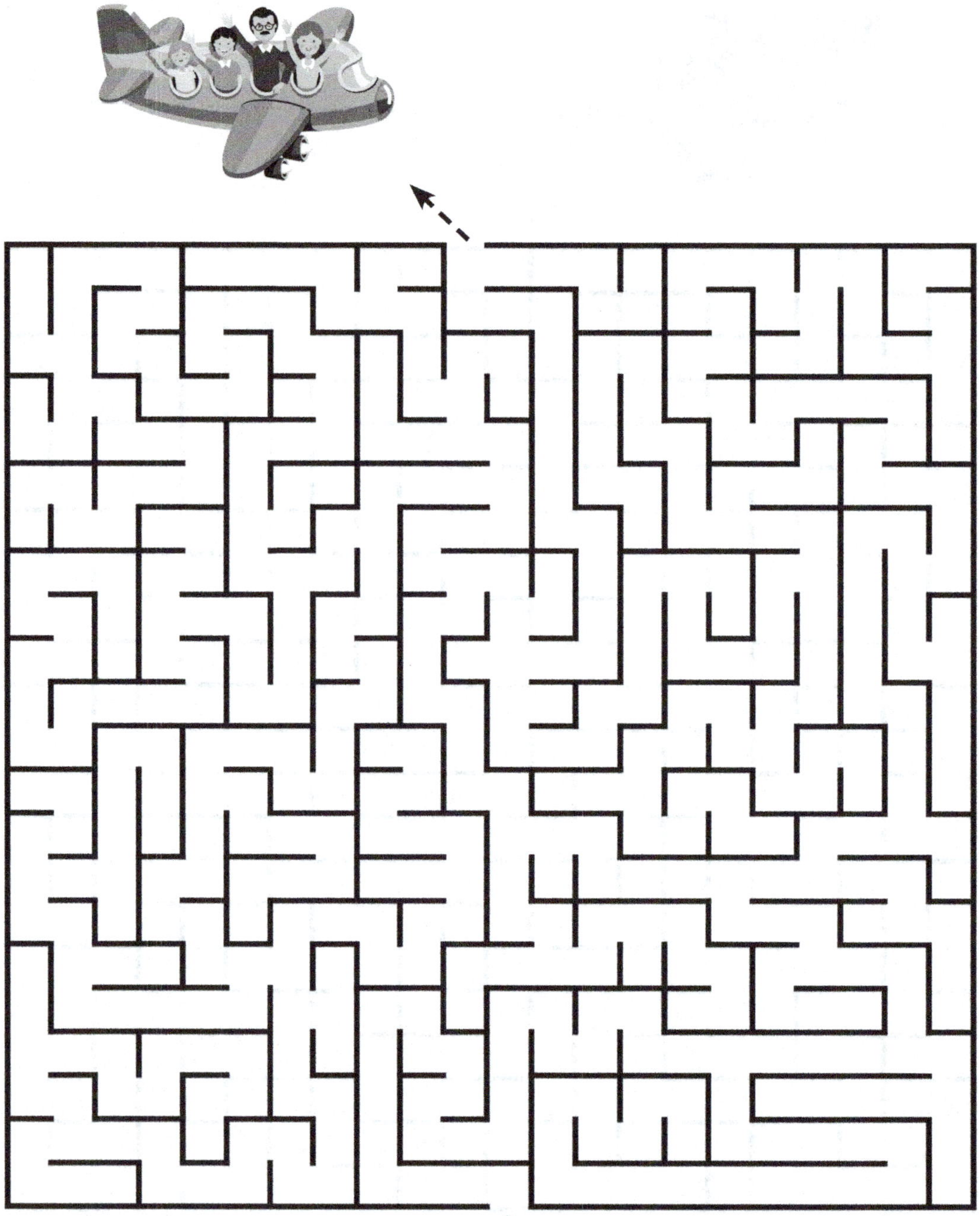

9

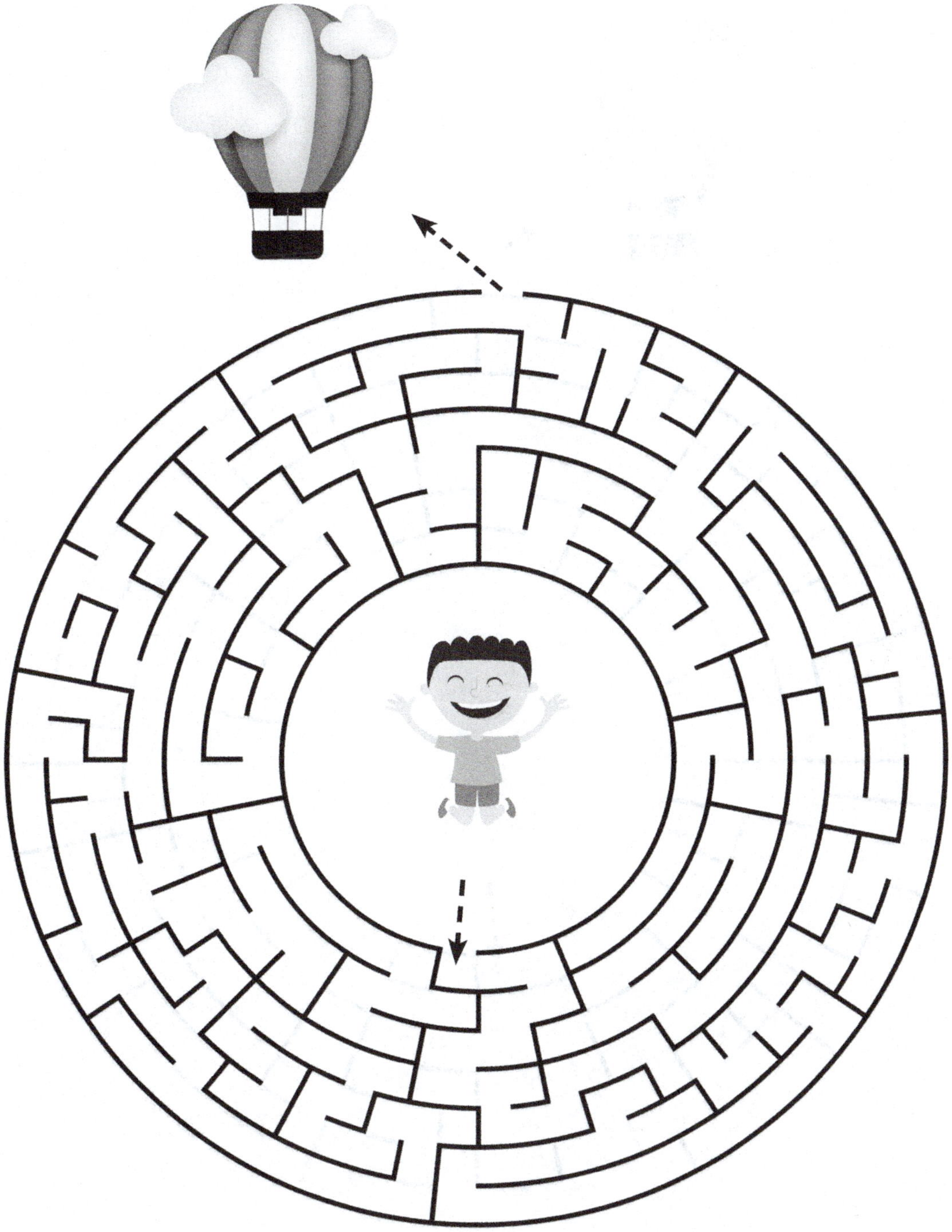

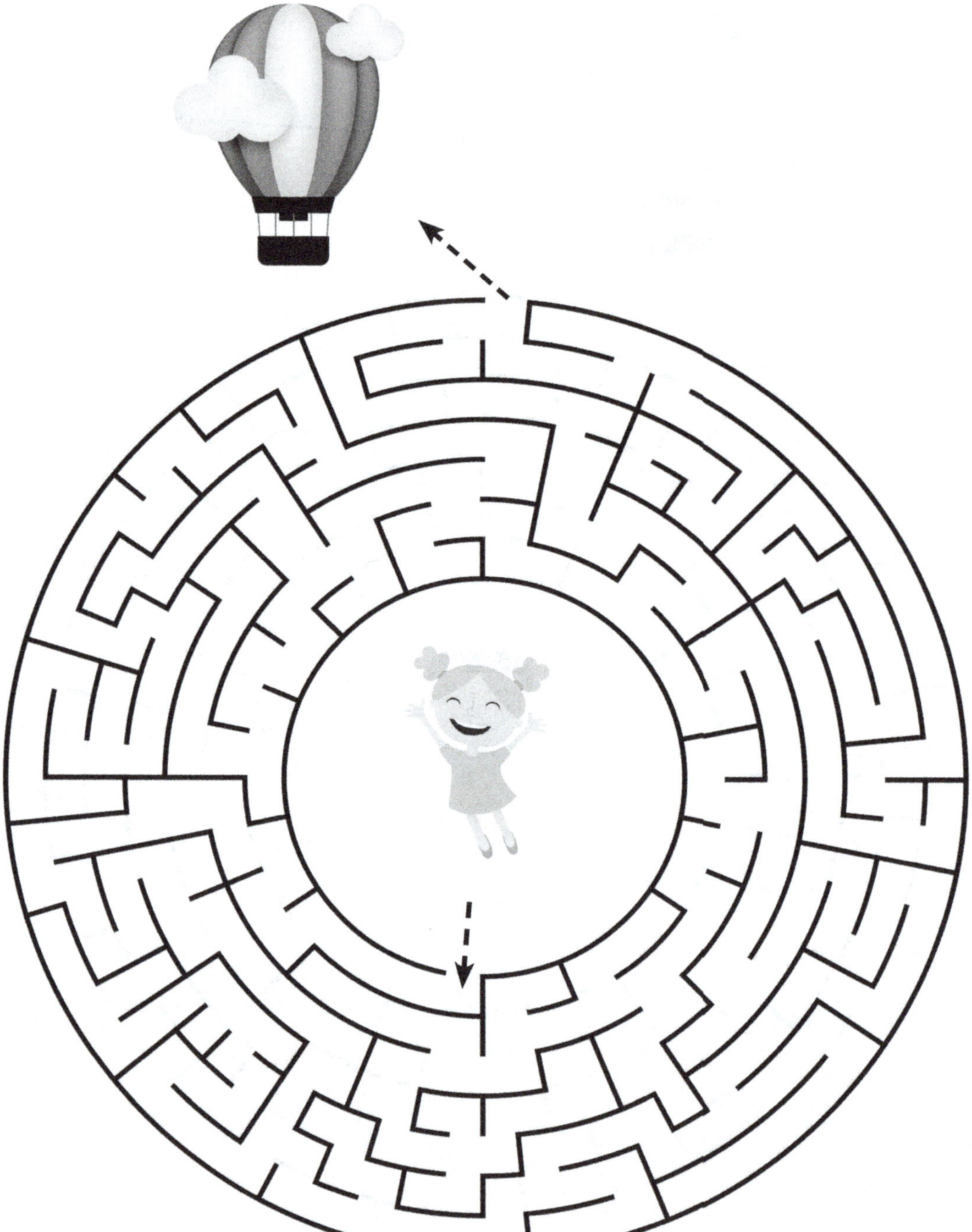

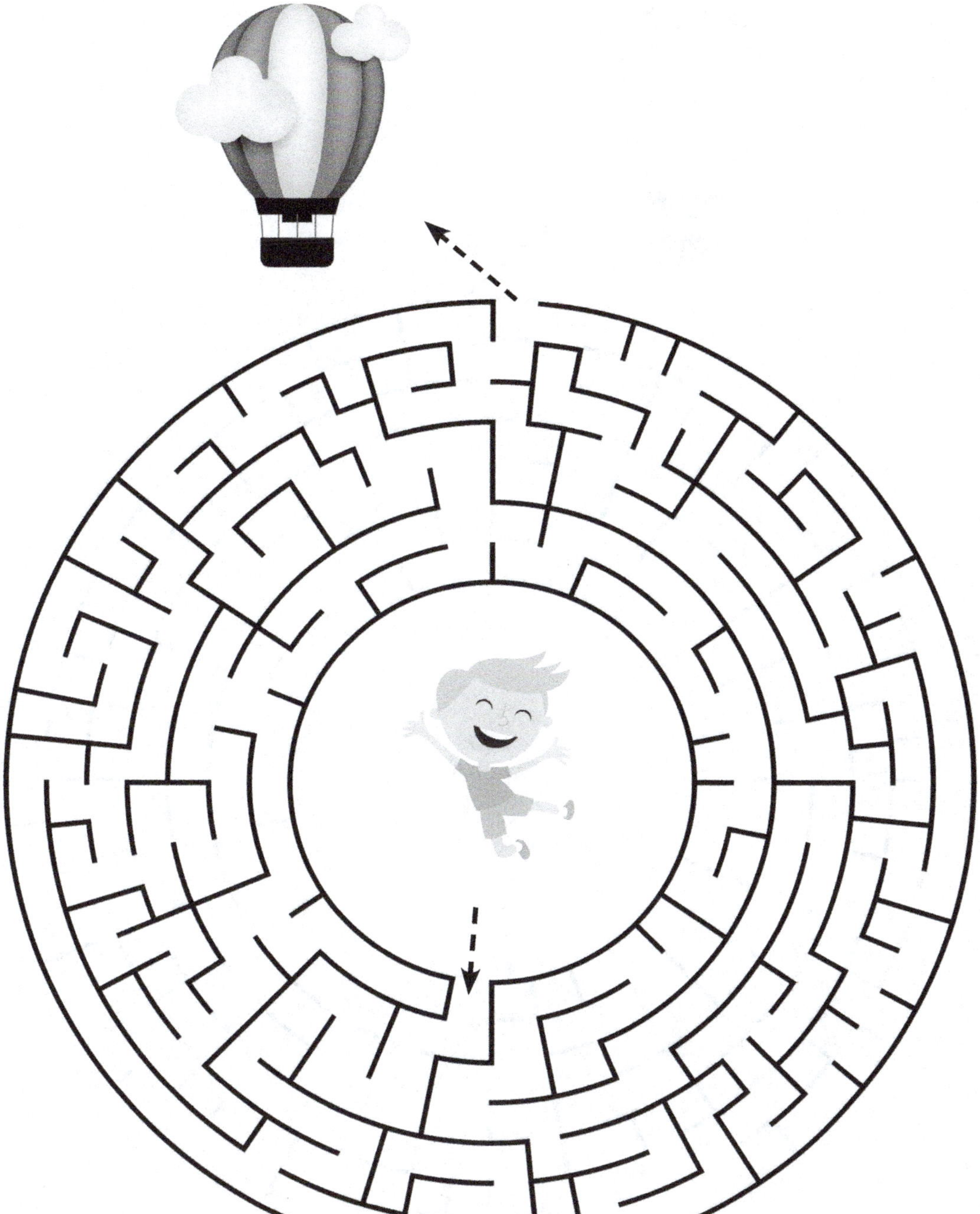

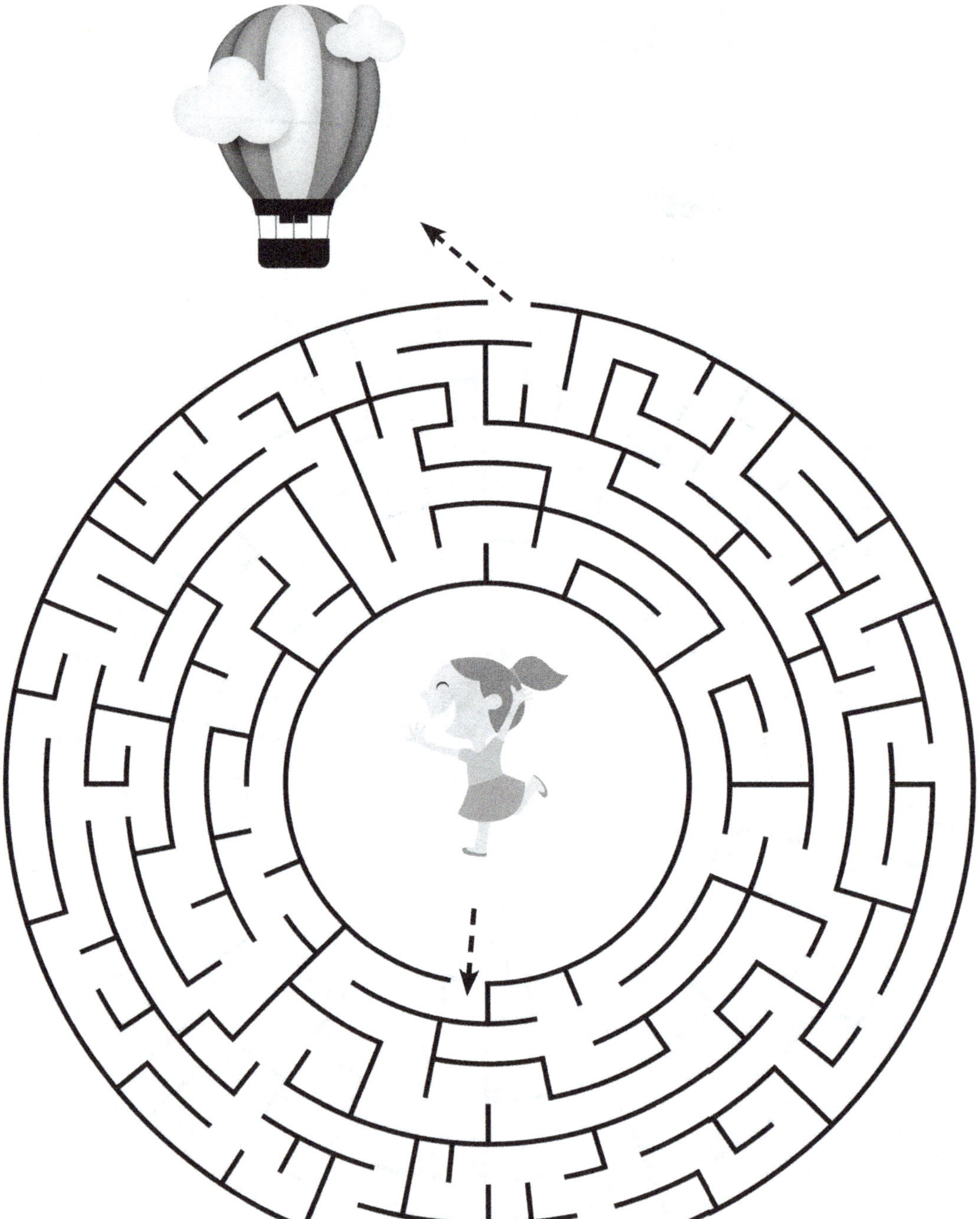

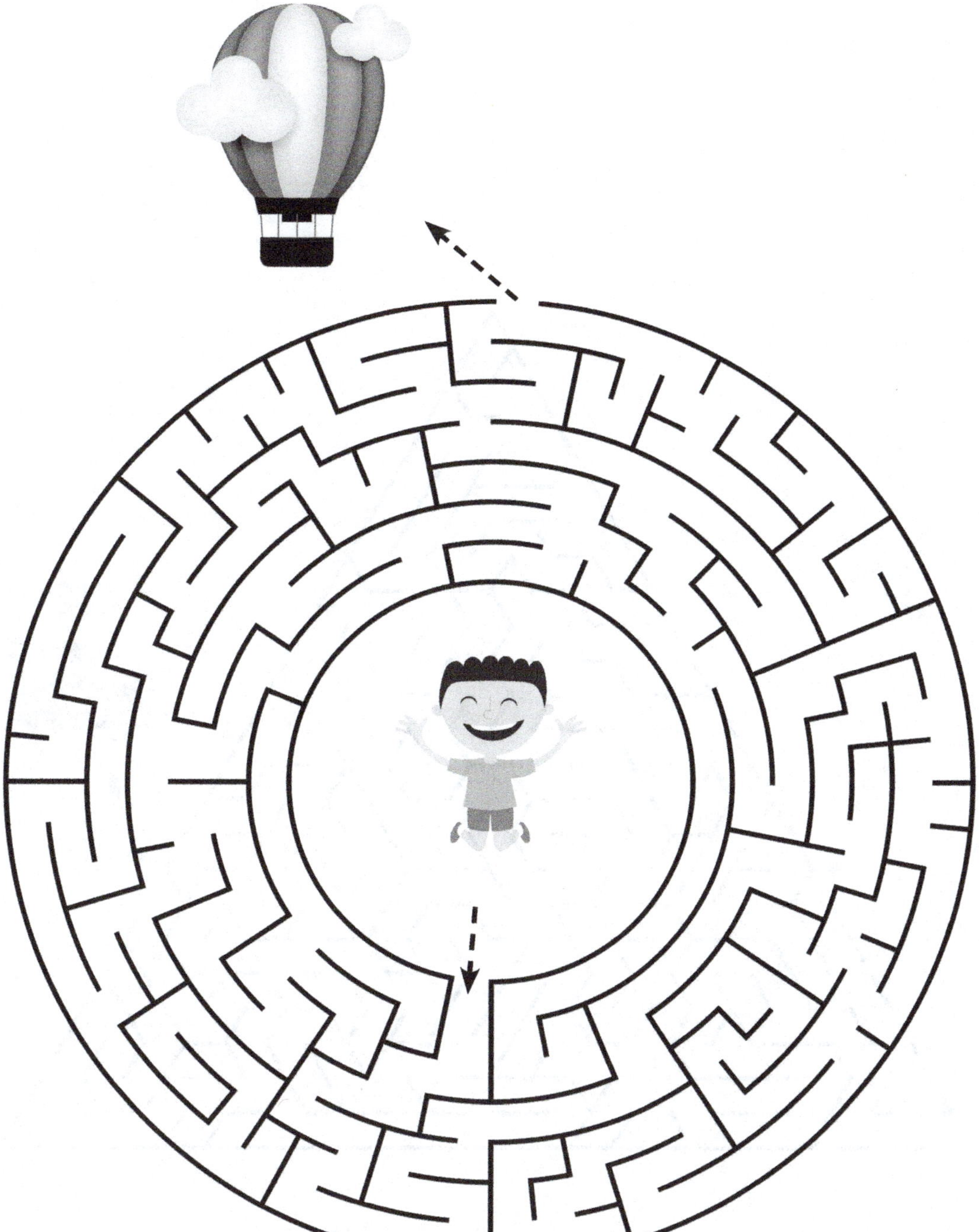

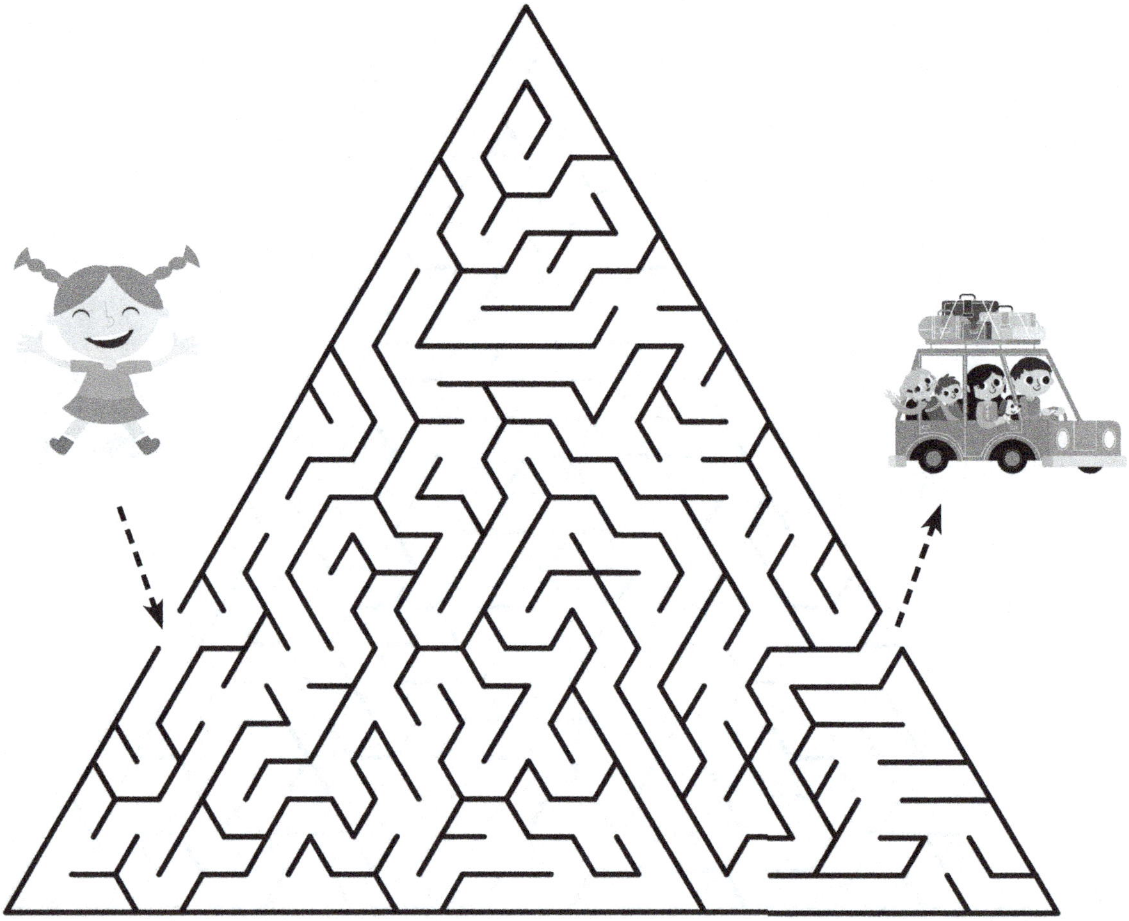

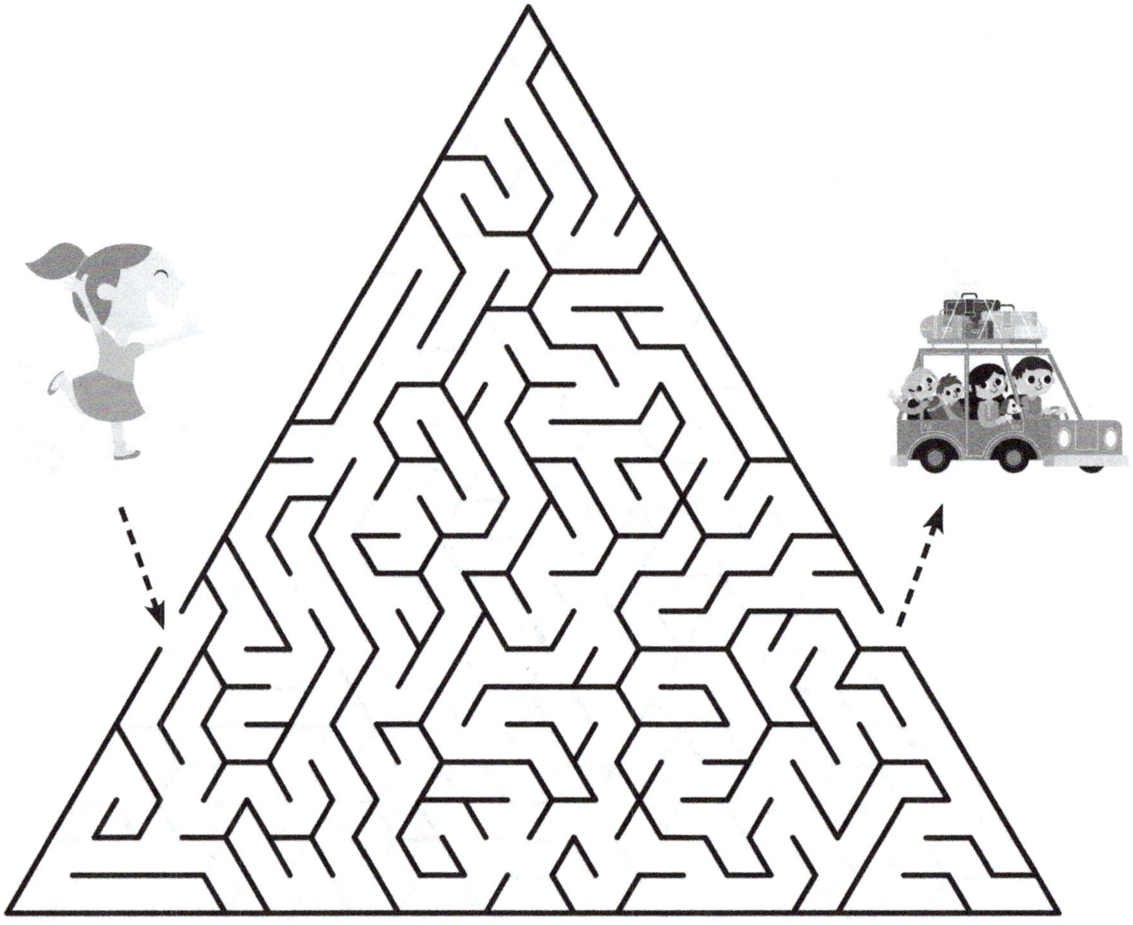

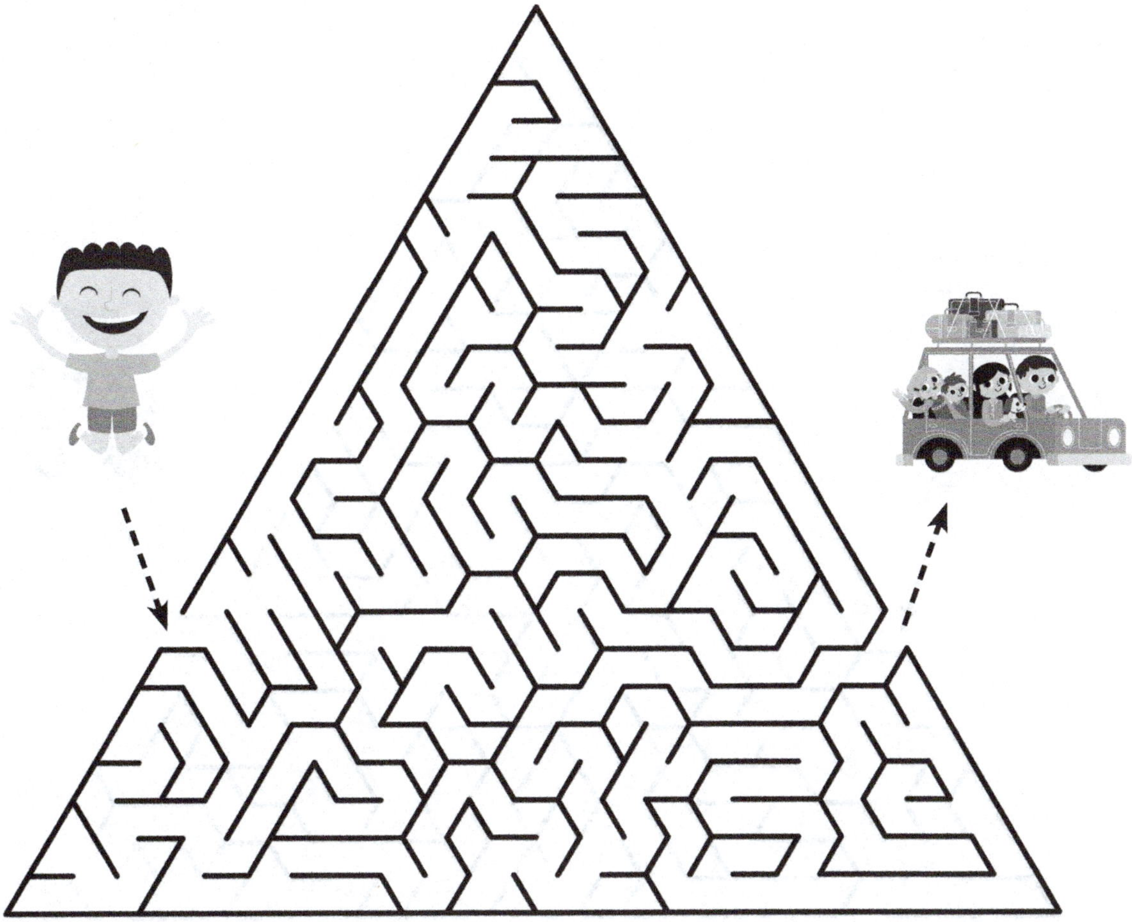

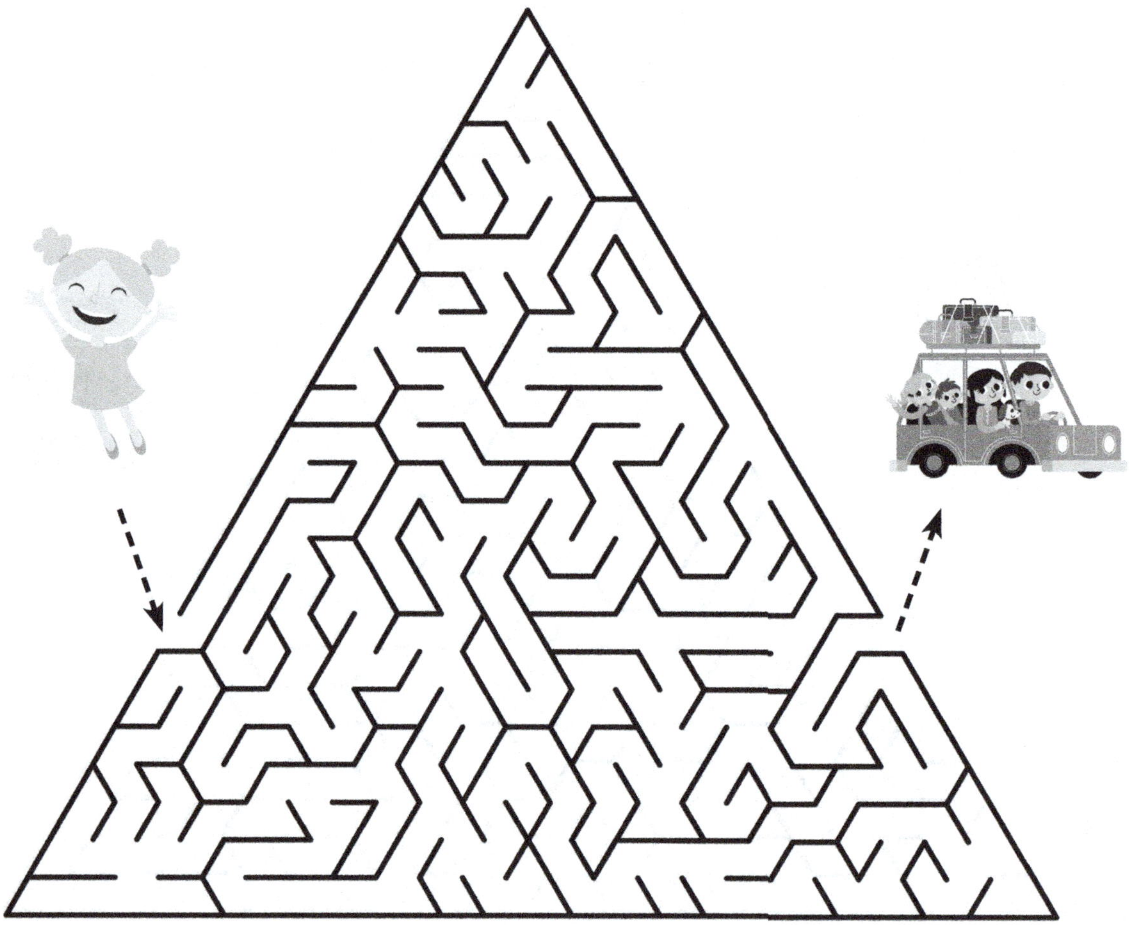

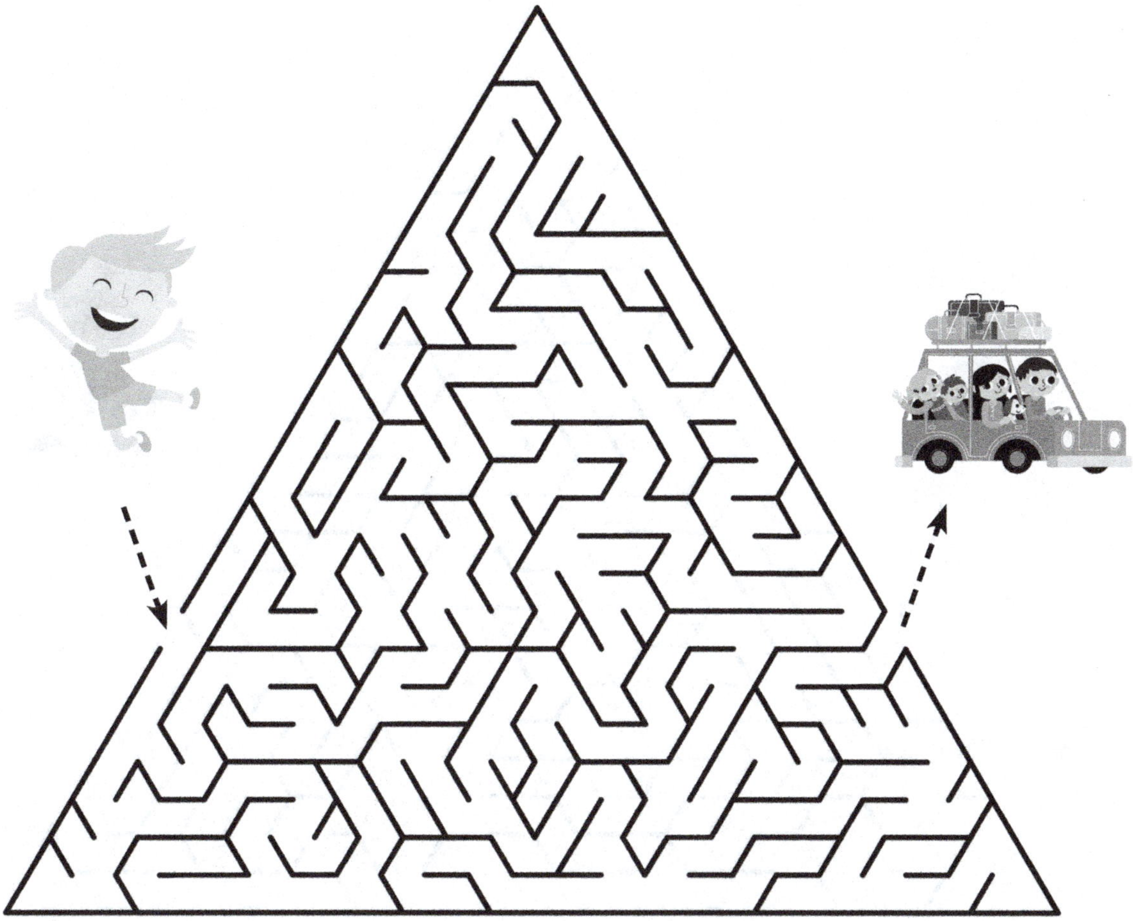

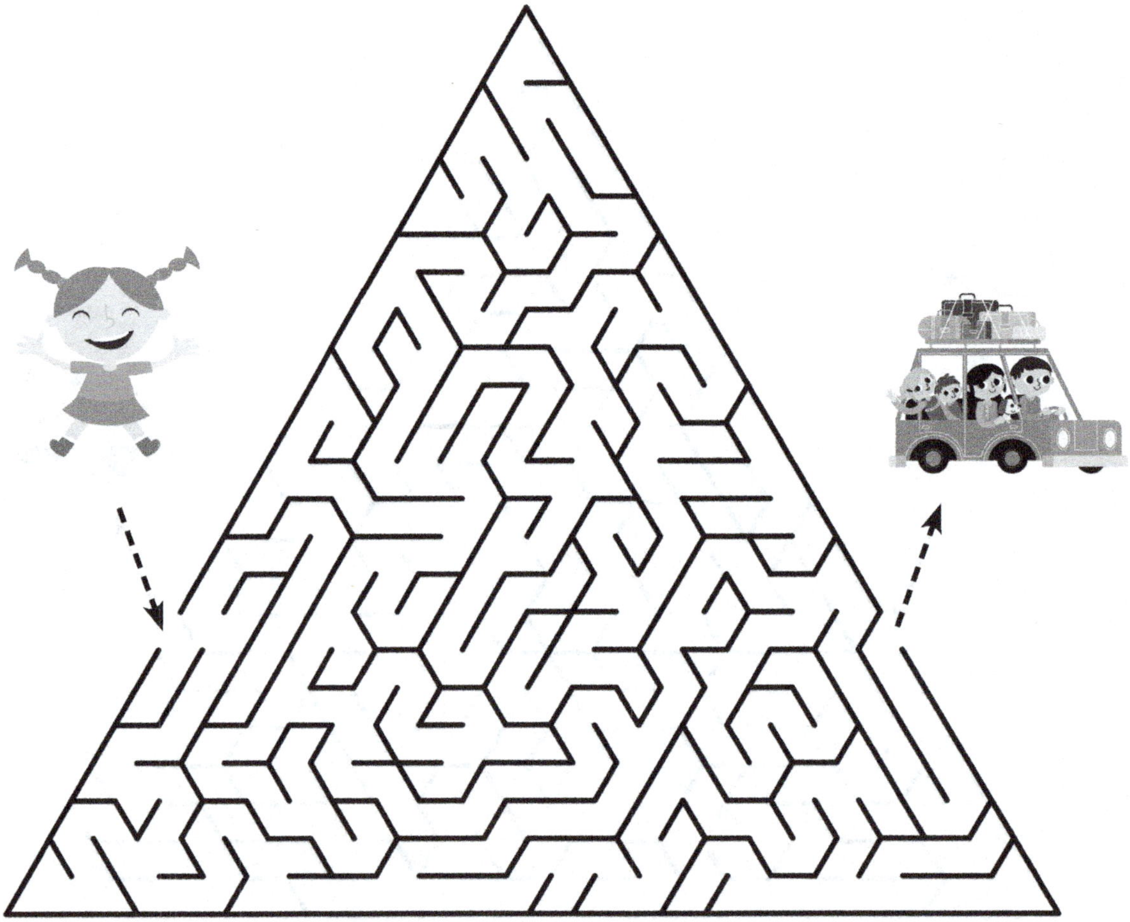

Comment dessiner

PEUT TU DESSINER CE?

Utilisez les lignes comme votre guide pour dessiner l'image!

A B C D E F G
1 2 3 4 5 6 7 8

A B C D E F G
1 2 3 4 5 6 7 8

	A	B	C	D	E	F	G
1							
2							
3							
4							
5							
6							
7							
8							

	A	B	C	D	E	F	G
1							
2							
3							
4							
5							
6							
7							
8							

A B C D E F G
1 2 3 4 5 6 7 8

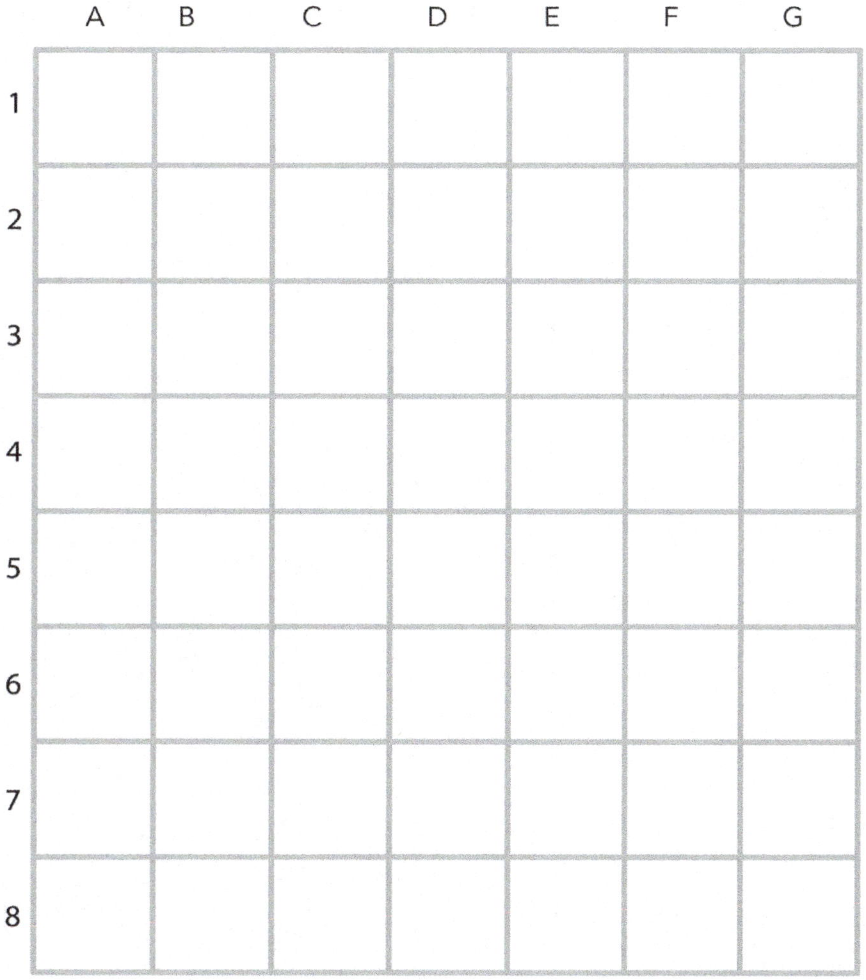
A B C D E F G
1 2 3 4 5 6 7 8

	A	B	C	D	E	F	G
1							
2							
3							
4							
5							
6							
7							
8							

A B C D E F G
1 2 3 4 5 6 7 8

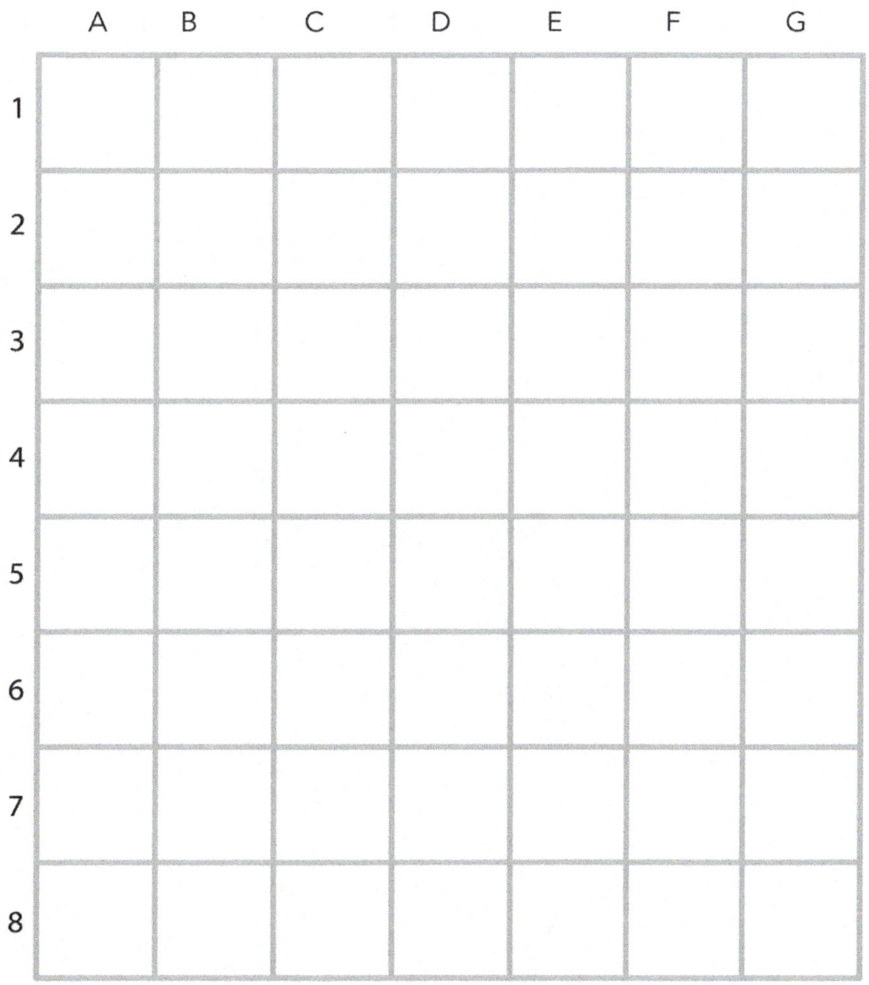
A B C D E F G
1 2 3 4 5 6 7 8

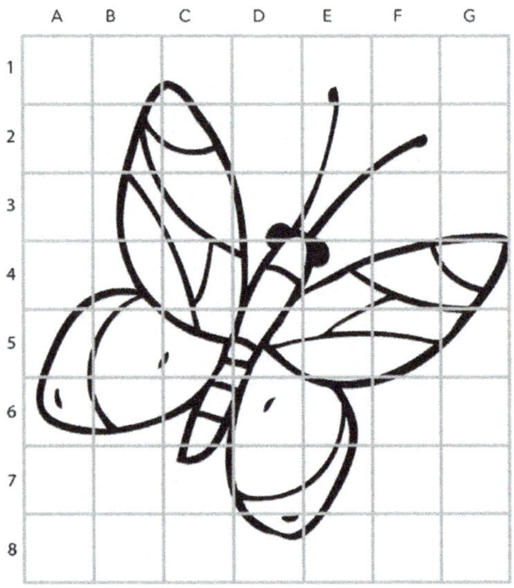

	A	B	C	D	E	F	G
1							
2							
3							
4							
5							
6							
7							
8							

	A	B	C	D	E	F	G
1							
2							
3							
4							
5							
6							
7							
8							

A B C D E F G
1 2 3 4 5 6 7 8

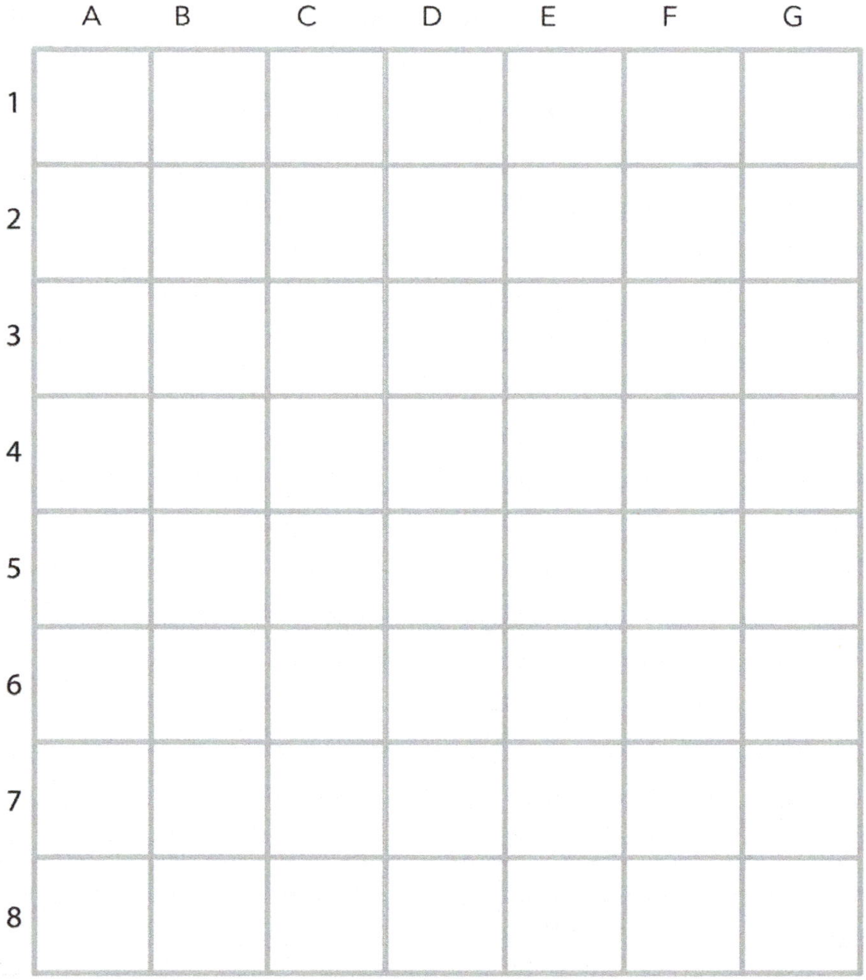
A B C D E F G
1 2 3 4 5 6 7 8

	A	B	C	D	E	F	G
1							
2							
3							
4							
5							
6							
7							
8							

	A	B	C	D	E	F	G
1							
2							
3							
4							
5							
6							
7							
8							

	A	B	C	D	E	F	G
1							
2							
3							
4							
5							
6							
7							
8							

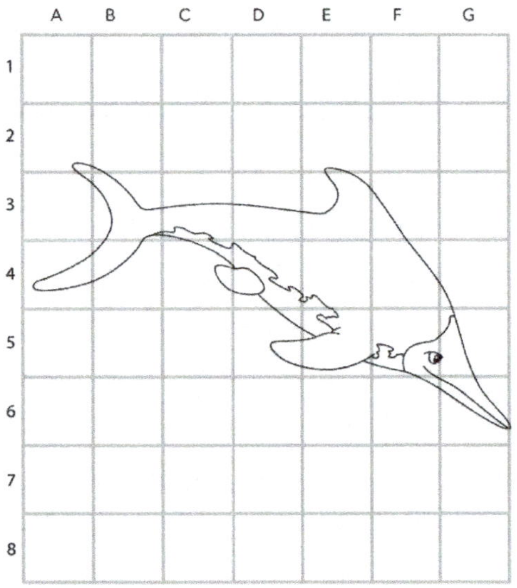
A B C D E F G
1 2 3 4 5 6 7 8

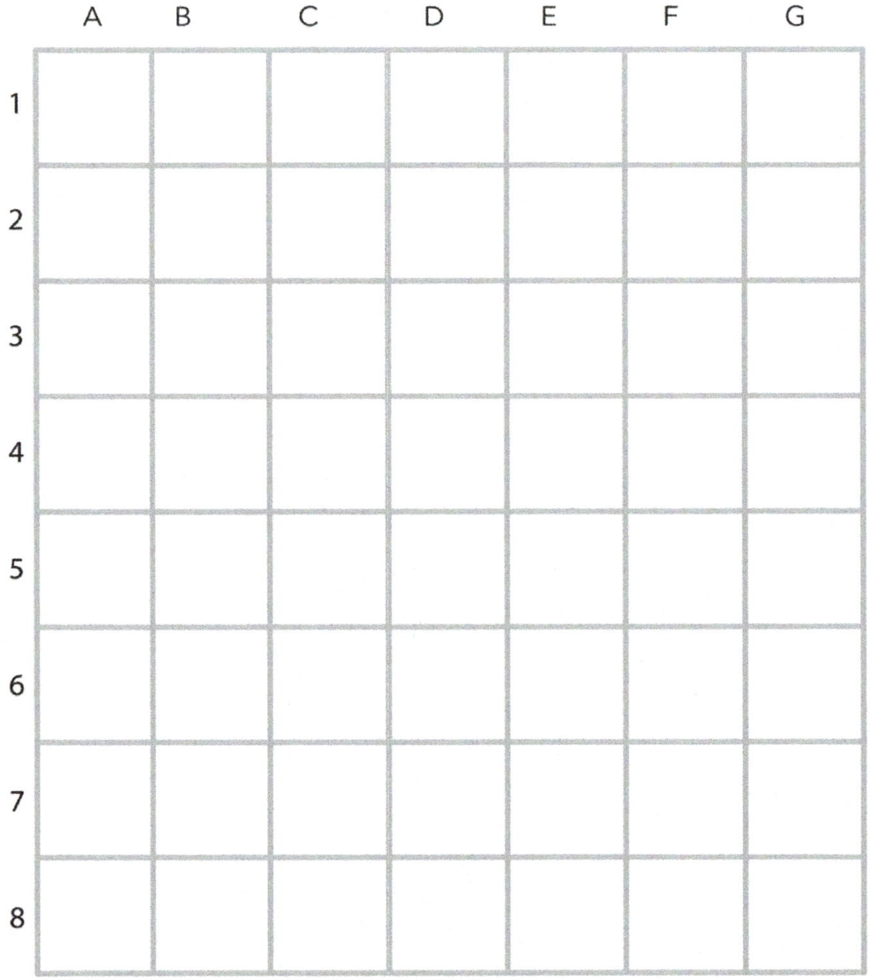
A B C D E F G
1 2 3 4 5 6 7 8

A B C D E F G
1 2 3 4 5 6 7 8

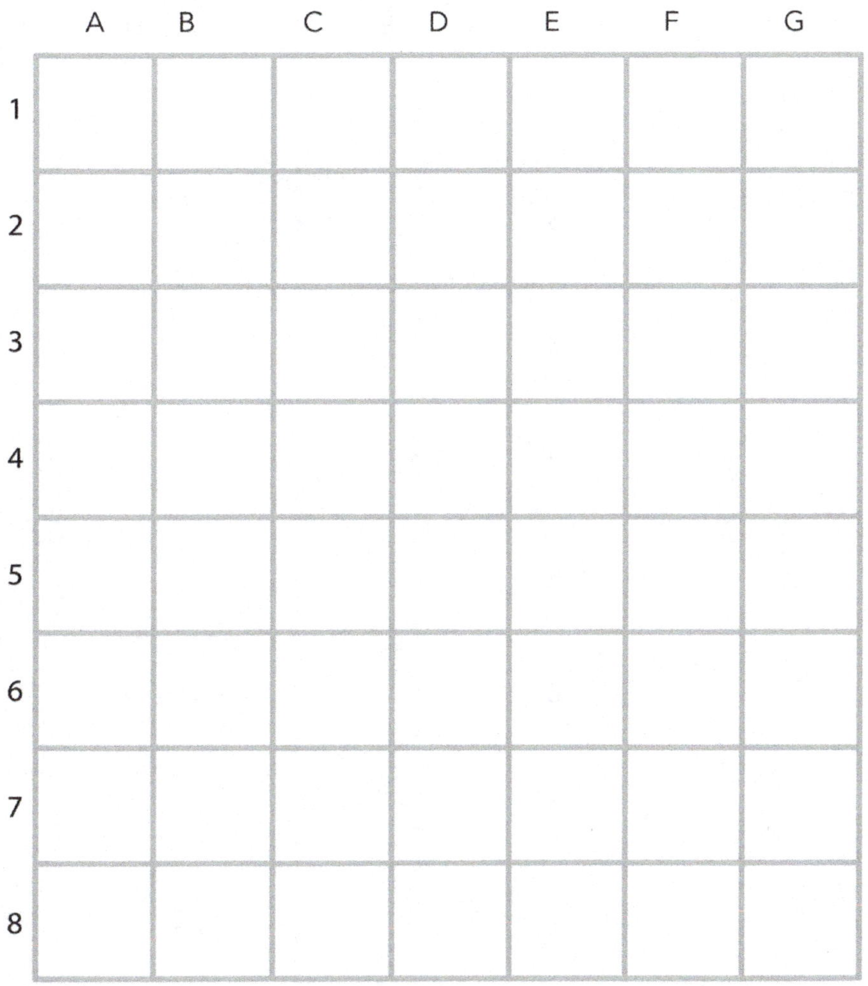
A B C D E F G
1 2 3 4 5 6 7 8

A B C D E F G
1 2 3 4 5 6 7 8

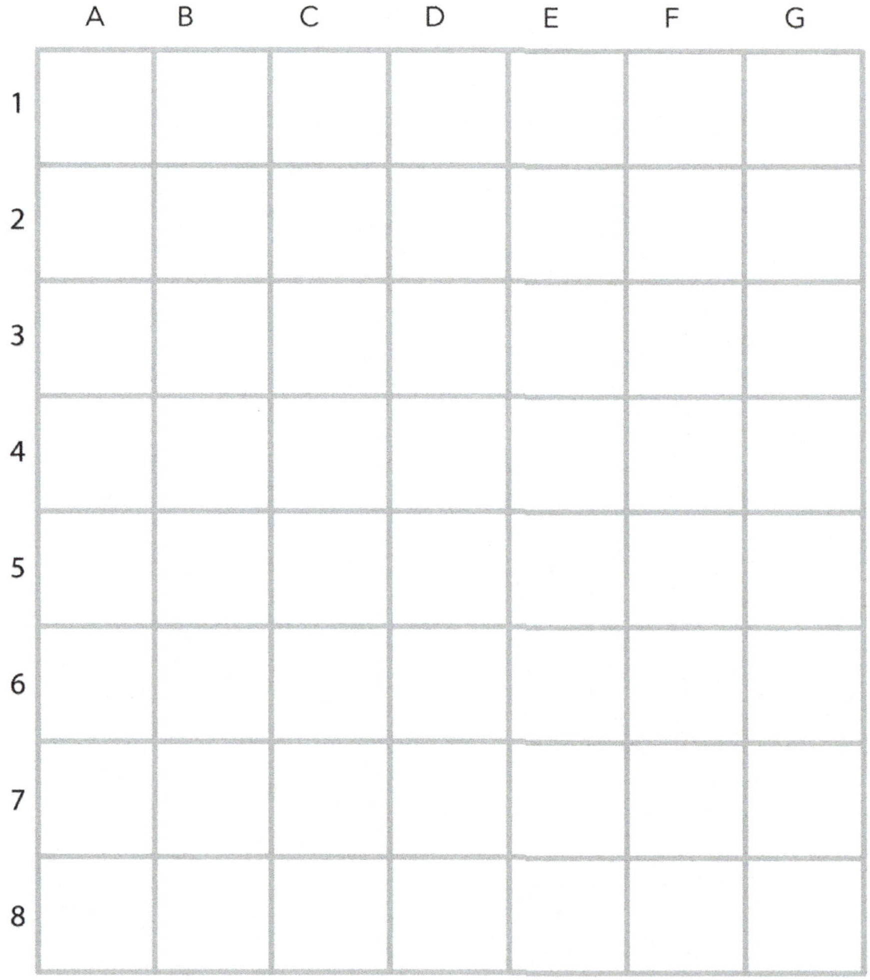
A B C D E F G
1 2 3 4 5 6 7 8

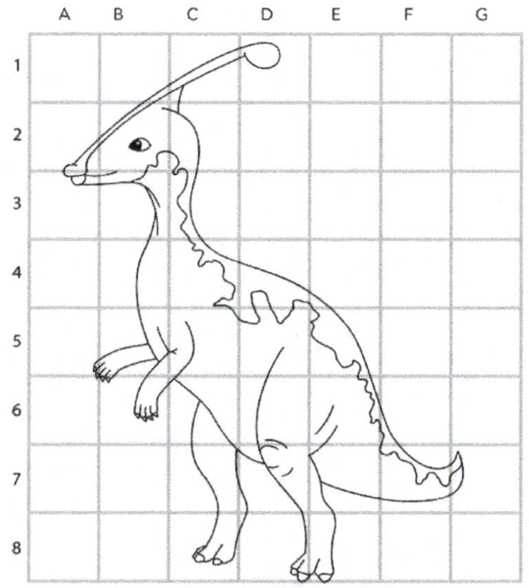
A B C D E F G
1 2 3 4 5 6 7 8

A B C D E F G
1 2 3 4 5 6 7 8

A B C D E F G
1 2 3 4 5 6 7 8

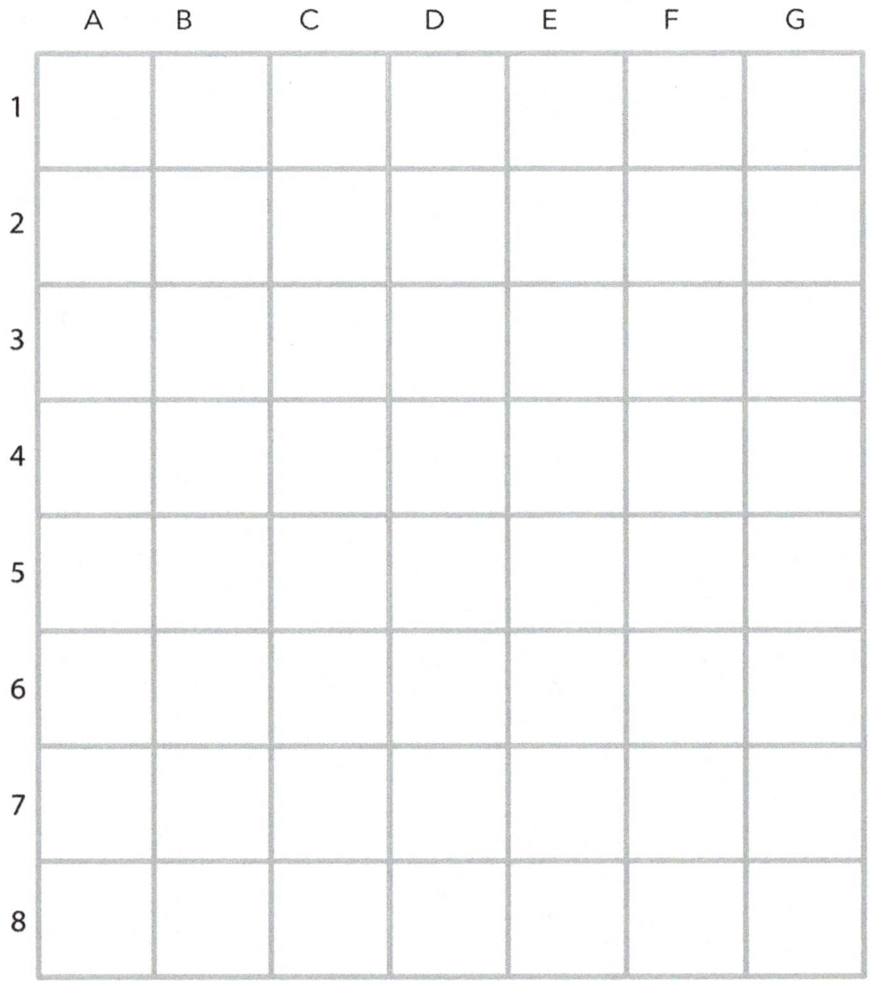
A B C D E F G
1 2 3 4 5 6 7 8

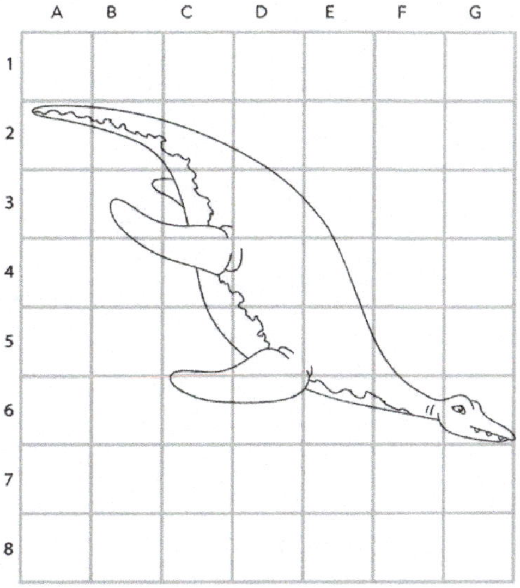

	A	B	C	D	E	F	G
1							
2							
3							
4							
5							
6							
7							
8							

A B C D E F G
1 2 3 4 5 6 7 8

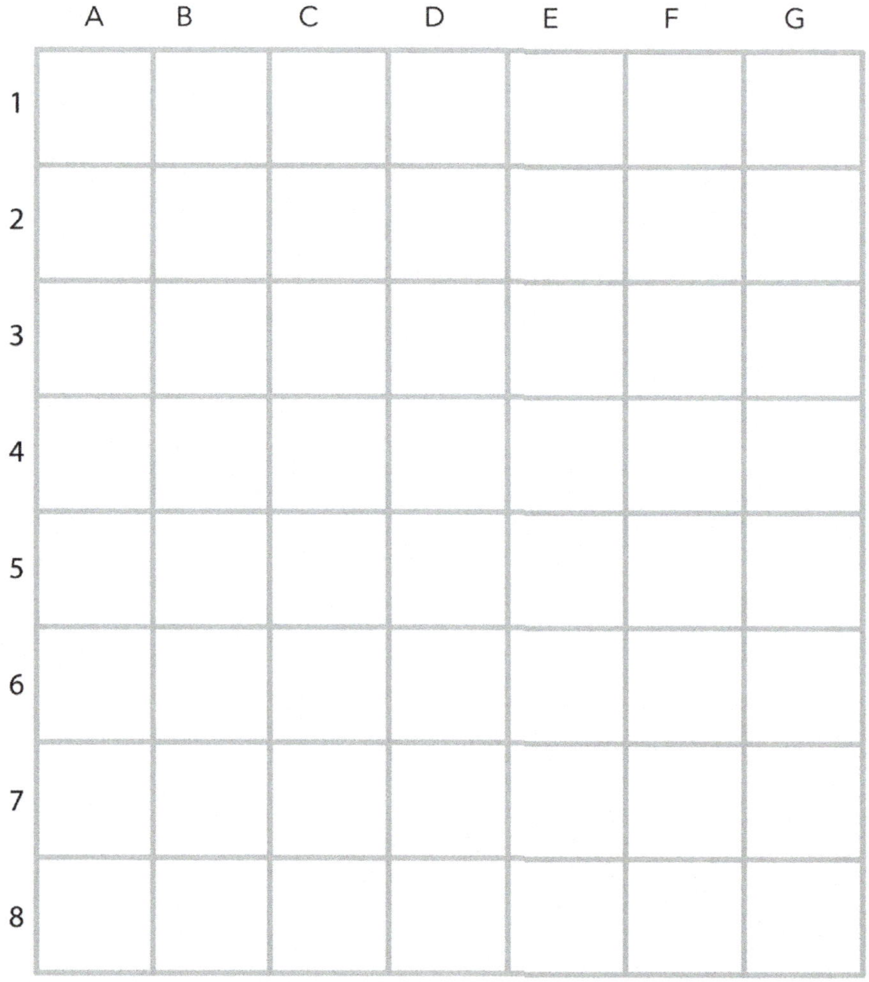
A B C D E F G
1 2 3 4 5 6 7 8

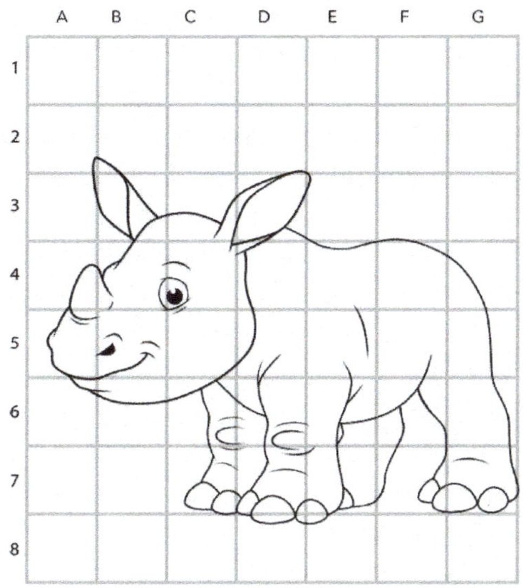

	A	B	C	D	E	F	G
1							
2							
3							
4							
5							
6							
7							
8							

	A	B	C	D	E	F	G
1							
2							
3							
4							
5							
6							
7							
8							

A B C D E F G
1
2
3
4
5
6
7
8

A B C D E F G
1
2
3
4
5
6
7
8

A B C D E F G
1 2 3 4 5 6 7 8

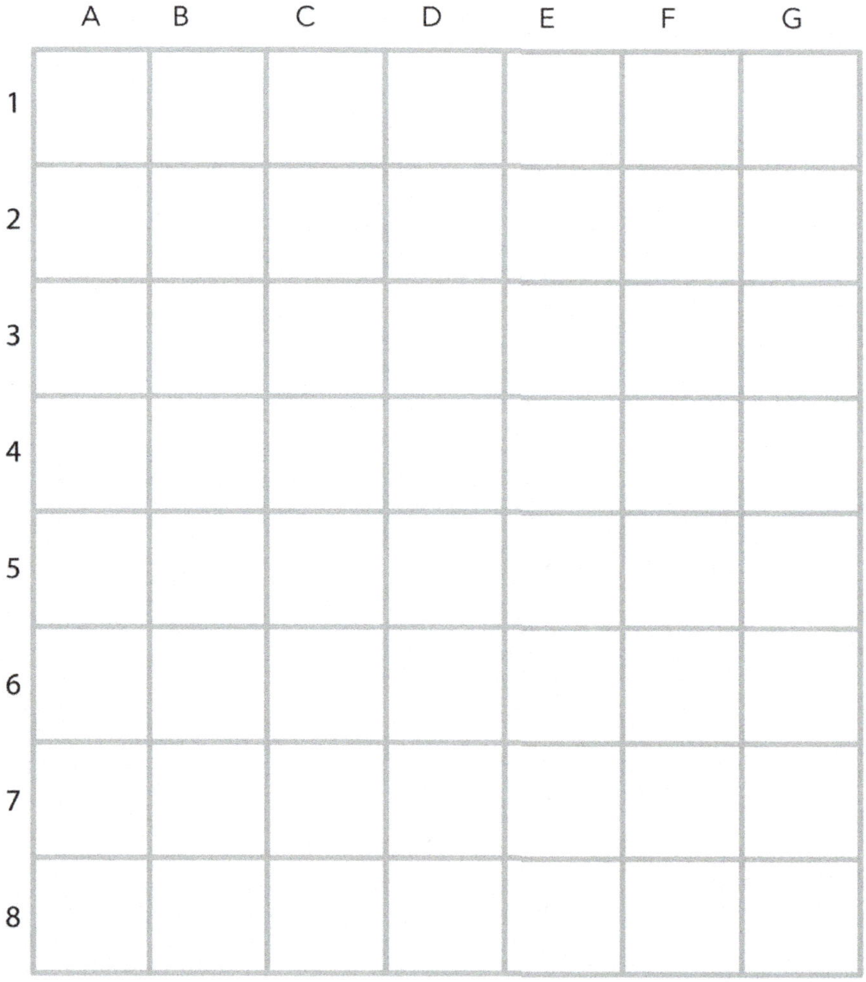
A B C D E F G
1 2 3 4 5 6 7 8

A B C D E F G
1 2 3 4 5 6 7 8

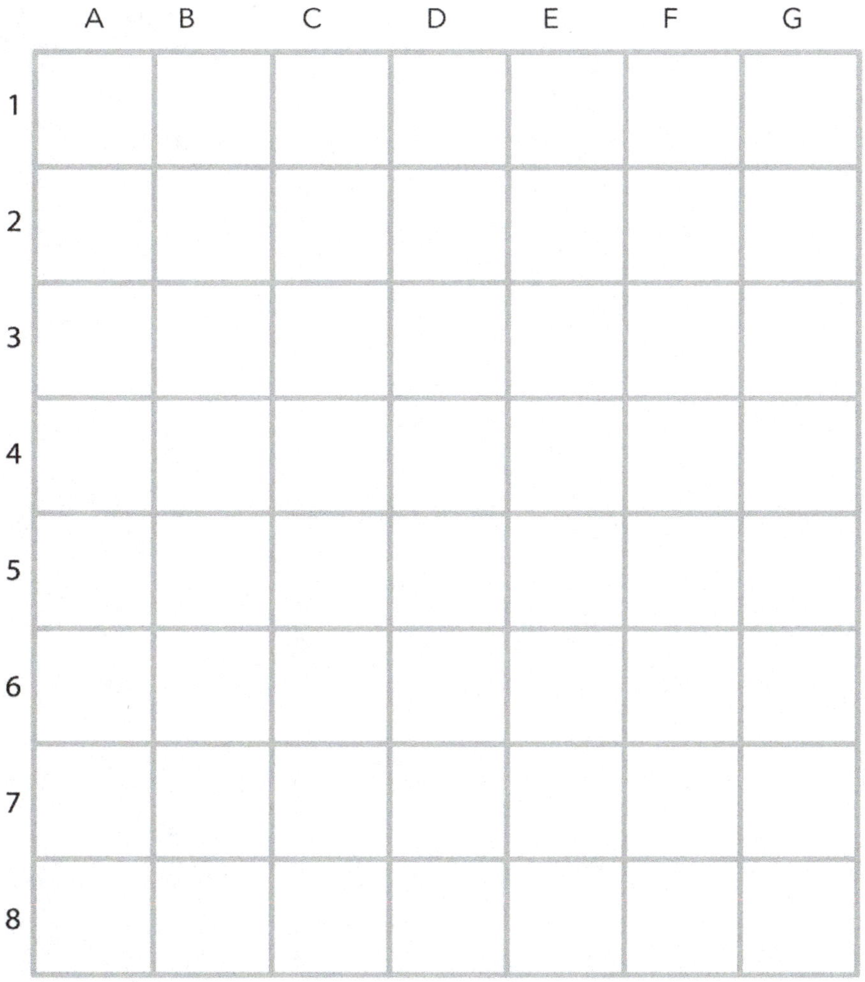
A B C D E F G
1 2 3 4 5 6 7 8

	A	B	C	D	E	F	G
1							
2							
3							
4							
5							
6							
7							
8							

	A	B	C	D	E	F	G
1							
2							
3							
4							
5							
6							
7							
8							

A B C D E F G
1 2 3 4 5 6 7 8

A B C D E F G
1 2 3 4 5 6 7 8

	A	B	C	D	E	F	G
1							
2							
3							
4							
5							
6							
7							
8							

A B C D E F G
1 2 3 4 5 6 7 8

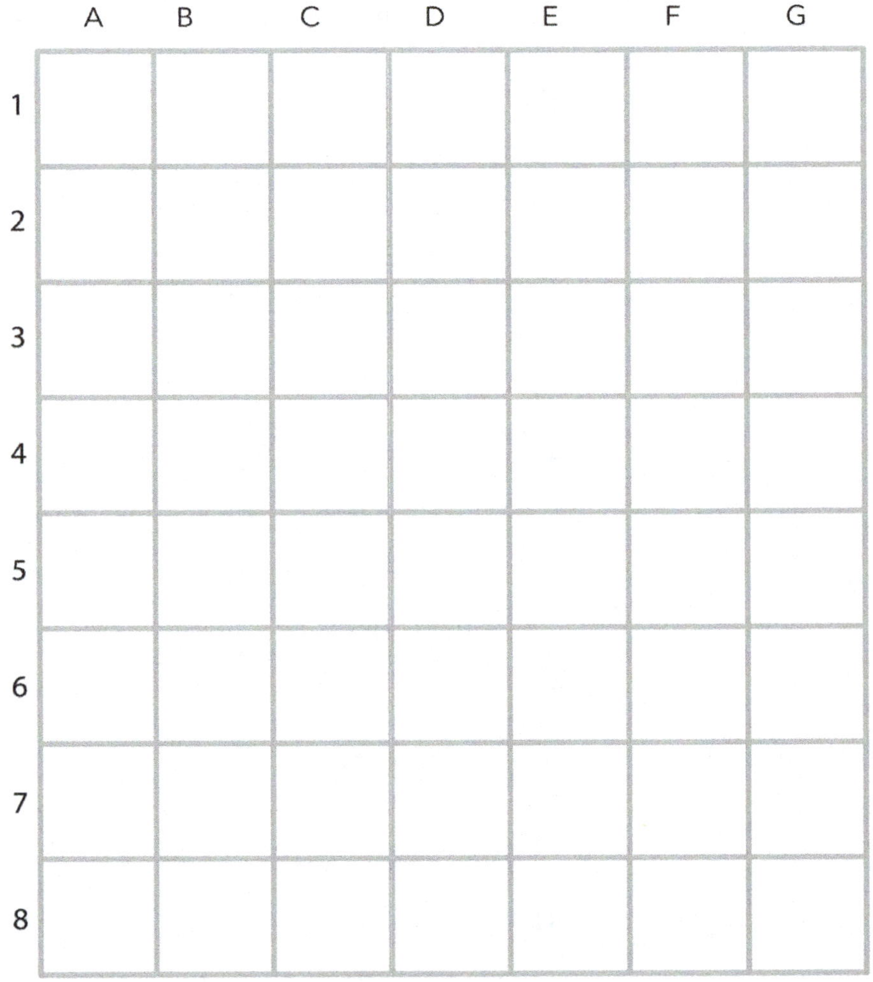
A B C D E F G
1 2 3 4 5 6 7 8

TOUCHES DE RÉPONSE (MAZES)

1

2

3

4

5

6

7

8

9

10

11

12

13

14

15

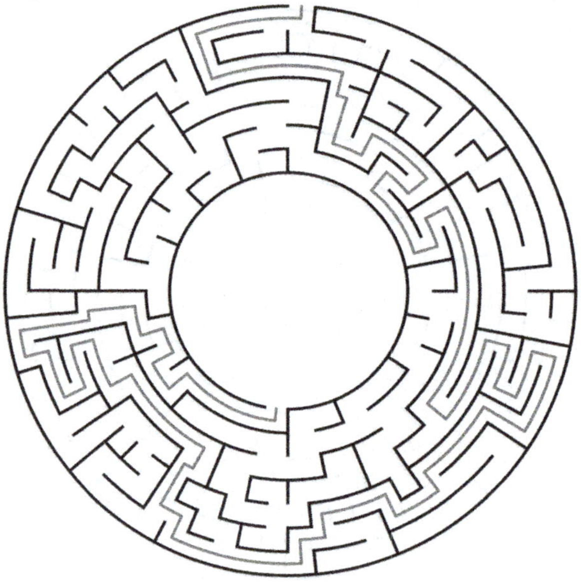

16

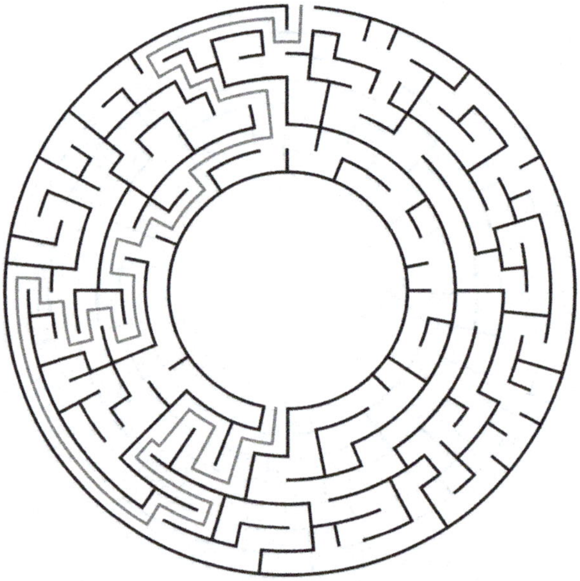

17

18

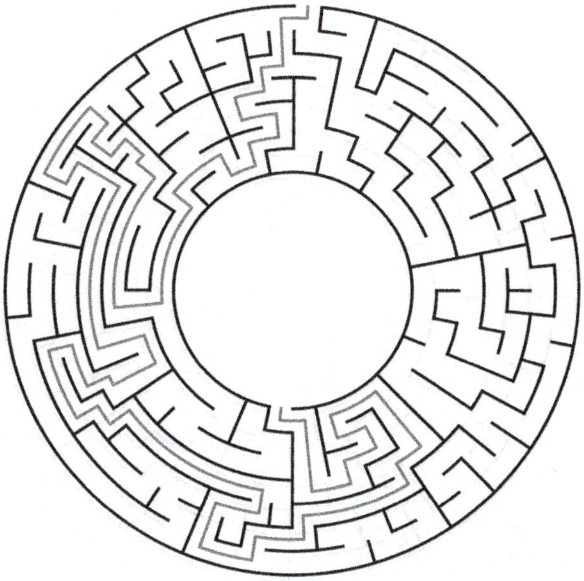

19

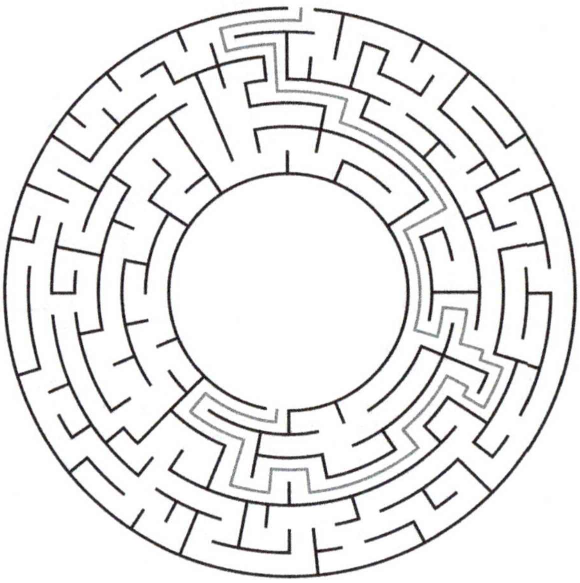

20

21

22

23

24

25

26

27

28

29

30

Made in the USA
Monee, IL
07 July 2026

56547383R00046